AMULET

KAZU KIBUISHI

LIVRE UN
LE GARDIEN DE LA PIERRE

TEXTE FRANÇAIS
D'ACHILLE(S)

Éditions
SCHOLASTIC

DANS LA MÊME COLLECTION :

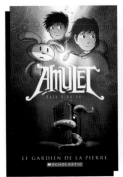
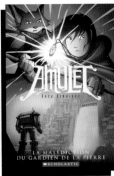

Catalogage avant publication de Bibliothèque et Archives Canada

Kibuishi, Kazu, 1978-
[Stonekeeper. Français]
Le gardien de la pierre / Kazu Kibuishi ; texte français d'Achille(s).
(Amulet ; 1)

Traduction de : The stonekeeper.
ISBN 978-1-4431-4539-8 (couverture souple)

1. Romans graphiques. I. Titre. II. Titre : Stonekeeper. Français.
PZ23.7.K53Ga 2015   j741.5'973   C2015-900137-4

Édition publiée par les Éditions Scholastic, 604, rue King Ouest, Toronto (Ontario) M5V 1E1.

11 10 9 8 7   Imprimé en Chine 38   20 21 22 23 24

Directeur artistique : David Saylor
Conception graphique : Phil Falco

MIXTE
Papier issu de
sources responsables
FSC
www.fsc.org
FSC® C144853

PROLOGUE

NOUS AVONS LARGEMENT LE TEMPS...

AU MOINS UNE DEMI-HEURE.

NOUS SOMMES CENSÉS RÉCUPÉRER NAVIN À HUIT HEURES.

ON EST EN RETARD.

QUINZE MINUTES NE FONT PAS UNE DEMI-HEURE.

EN FAIT, JE CROIS QUE PAPA VIT DANS UN UNIVERS ALTERNATIF.

LE TEMPS Y PASSE MOINS VITE.

ÇA POURRAIT EXPLIQUER CERTAINES CHOSES.

JE SUIS SÛR QUE NAVIN NE VERRA PAS D'INCONVÉNIENT À JOUER QUELQUES MINUTES DE PLUS AUX JEUX VIDÉO, CHÉRIE.

HÉ, PAPA, JE POURRAI FAIRE UNE PARTIE QUAND ON SERA LÀ-BAS, HEIN?

MM... HMM.

RASSIEDS-TOI, EMILY.

OK, COOL.

DAVID, IL EST DÉJÀ TARD.

LE TEMPS QUE L'ON RENTRE À LA MAISON, IL SERA ONZE HEURES PASSÉES.

OUI, OUI.

TU AS RAISON.

TU AS ENTENDU, EMILY? IL FAUDRA REPORTER NOTRE PARTIE À LA PROCHAINE FOIS.

OHH.

DAVID...

3

4

KAREN, TU VAS BIEN?

MON NEZ ME FAIT MAL.

EMILY.

COMMENT VA EMILY?!

EMILY!

JE VAIS BIEN, PAPA.

TRÈS BIEN, JE VEUX QUE VOUS SORTIEZ DE LÀ ET QUE VOUS PASSIEZ PAR L'AVANT.

CLIC!

C'EST ÇA.

CONTINUE À AVANCER.

SORS DE LA VOITURE, EMILY.

KAREN, À TOI.

ALLEZ, MAMAN.

ARRRGH!

PAPA!

DONNE-MOI LA MAIN!

EMILY, JE NE PEUX PAS. MES JAMBES SONT COINCÉES SOUS LE TABLEAU DE BORD.

CRIIIC...

PAPA, DONNE-MOI LA MAIN.

S'IL TE PLAÎT.

EMILY... TU VAS AVOIR BESOIN D'AIDE...

MAMAN!

PAPA EST COINCÉ!!

DAVID?!?

IL FAUT QUE TU SORTES DE LÀ IMMÉDIATEMENT!

KAREN, MES JAMBES SONT COINCÉES.

IL FAUT QUE QUELQU'UN ME SORTE DE LÀ... VA CHERCHER DE L'AIDE.

DAVID, NOUS N'AVONS PAS LE TEMPS!!

CRIIIC!

LA VOITURE BASCULE!

ALORS DONNE-MOI LA MAIN!!

RRRGH!

JE NE PEUX PAS BOUGER!!

JE N'Y ARRIVE PAS, KAREN.

IL VA FALLOIR QUE TU ESSAIES!!

CRRR...

CRRR...

HAN!

CRRR...

NON!!!

9

LIVRE UN
LE GARDIEN DE LA PIERRE

2 ANS PLUS TARD

SI TU CONTINUES À FAIRE ÇA, TU VAS RESTER COMME ÇA POUR LE RESTE DE TA VIE.

DU MOMENT QUE VOUS TROUVEZ TOUS LES DEUX UN MOYEN DE VOUS DIVERTIR TOUT EN ÉVITANT LES PROBLÈMES,

JE ME FICHE DES GRIMACES QUE VOUS POUVEZ FAIRE.

J'ESSAIE DE LA FAIRE SOURIRE.

ELLE FAIT ENCORE SA TÊTE DES MAUVAIS JOURS.

HÉ !

NE L'ÉCOUTE PAS, MAMAN.

JE VAIS BIEN.

JE PENSE QUE VOUS ALLEZ TOUS LES DEUX AIMER CETTE VILLE.

IL Y A UN MINI GOLF.

LE SEUL HIC, C'EST QU'IL VA FALLOIR BEAUCOUP DE TRAVAIL POUR RENDRE CETTE MAISON CONFORTABLE.

POURQUOI EST-CE QU'ON A QUITTÉ L'AUTRE ENDROIT ?

TOUT ÉTAIT COMME NEUF LÀ-BAS.

15

MALHEUREUSEMENT, CE QUI EST NEUF COÛTE CHER.

DEPUIS LE DÉCÈS DE VOTRE PÈRE, JE N'AVAIS PLUS VRAIMENT LES MOYENS DE VIVRE DANS CETTE MAISON.

ICI AU MOINS, NOUS N'AURONS PLUS TROP DE SOUCIS FINANCIERS.

CETTE MAISON EST DANS LA FAMILLE DEPUIS DES ANNÉES.

MAMAN, ON EST AU MILIEU DE NULLE PART.

IL Y A PLEIN D'ENDROITS DANS CE PAYS QUI SONT « AU MILIEU DE NULLE PART »...

ET AUCUN D'ENTRE EUX N'EST AUSSI PEUPLÉ QUE NORLEN. C'EST UNE VILLE PLUTÔT IMPORTANTE.

NORLEN
POP. 28 000

TU VERRAS. ÇA N'EST PAS VRAIMENT DIFFÉRENT DE N'IMPORTE QUEL AUTRE ENDROIT.

EH BIEN, NOUS Y VOILÀ.

SENTEZ-MOI CE BON AIR FRAIS!

N'EST-CE PAS FORMIDABLE?

MAINTENANT VOYONS VOIR SI CETTE CLÉ OUVRE LA PORTE.

CLIC!

CROUIC

MON DIEU...

CETTE MAISON VA AVOIR BESOIN DE BEAUCOUP D'AMOUR.

RESTEZ PRÈS DE MOI.

REGARDEZ OÙ VOUS MARCHEZ.

IL EST TOUT BONNEMENT IMPOSSIBLE QUE NOUS DORMIONS ICI DANS CES CONDITIONS.

FFFF...

NOUS ALLONS DEVOIR NOUS Y ATTAQUER.

18

VOUS ÊTES PRÊTS?

QUAND TU VEUX, MAMAN.

EN AVANT!

MARCHE!

SHHFF

BDUMP

FSSH!

SILAS CHARNON

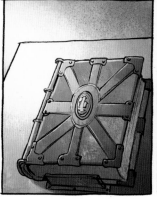

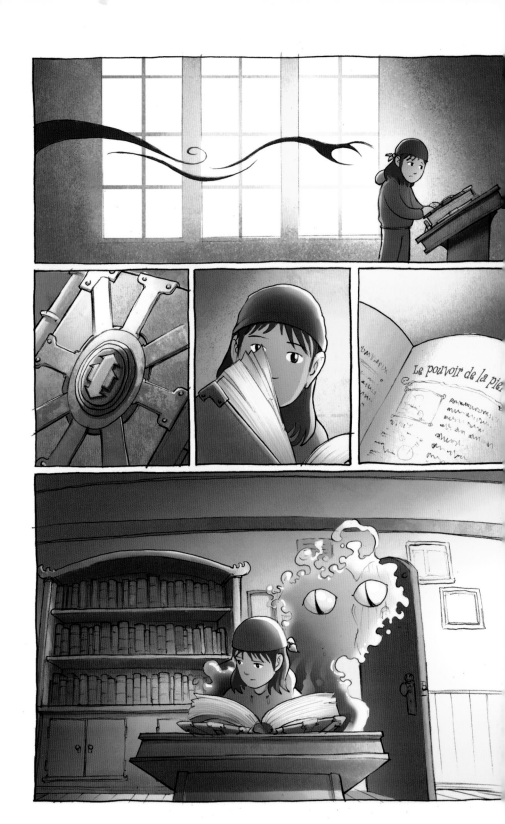

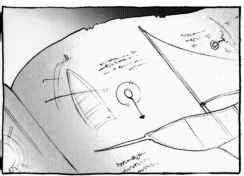

EMILY!

EMILY?

OUAH!

HÉ, MAMAN!

VIENS VOIR CE QUE EMI A TROUVÉ!

OH, OUAH.

C'EST LA BIBLIOTHÈQUE DE MON GRAND-PÈRE SILAS.

C'EST DONC MON ARRIÈRE-GRAND-PÈRE?

OUI.

C'EST UNE BONNE QUESTION.

PERSONNE NE SAIT RÉELLEMENT CE QUI LUI EST ARRIVÉ QUAND IL A DISPARU.

EST-CE QU'IL EST ENCORE VIVANT?

DISPARU?

APRÈS LE DÉCÈS DE TON ARRIÈRE-GRAND-MÈRE ISABEL, SILAS S'EST ENFERMÉ DANS CETTE MAISON ET PLUS PERSONNE NE L'A REVU.

C'EST POUR CETTE RAISON QUE LES GENS D'ICI PENSENT QUE CET ENDROIT EST HANTÉ.

ET C'EST VRAI?

BIEN SÛR QUE NON.

NAVIN!

REDESCENDS!

ALLEZ, MAMAN!

JE NE RISQUE RIEN!

IL N'Y A QUE DES VIEUX TRUCS ICI!

IL Y A TELLEMENT DE PLANS ICI. EST-CE QU'IL ÉTAIT ARCHITECTE?

NON.

SILAS ÉTAIT UN INVENTEUR DE CASSE-TÊTE. IL EN ÉTAIT D'AILLEURS TRÈS FIER.

CEPENDANT, J'AI TOUJOURS PENSÉ QUE SES CASSE-TÊTE RESSEMBLAIENT PLUS À DES JOUETS OU À MACHINES.

CARTBOT

OUAAAH.

28

TU AS DIT QUE MON ARRIÈRE-GRAND-PÈRE N'ÉTAIT PAS ALLÉ À L'ÉCOLE, N'EST-CE PAS? ET REGARDE TOUS LES TRUCS GÉNIAUX QU'IL A FAITS.

EMILY...

MON GRAND-PÈRE ÉTAIT UN EXCENTRIQUE.

ET ÇA N'EST PAS QUELQU'UN QUE TU DEVRAIS ADMIRER.

POURQUOI PAS?

IL FAUT ME CROIRE, EMILY. IL EST PRÉFÉRABLE D'AVOIR UNE VIE NORMALE, COMME TOUT LE MONDE.

MAINTENANT, REDESCENDONS ET FINISSONS LE NETTOYAGE.

NOUS AVONS BEAUCOUP À FAIRE AVANT LA TOMBÉE DE LA NUIT.

JE NE FERAIS PAS ÇA SI J'ÉTAIS TOI.

POURQUOI ÇA?

ALLEZ, NE FAIS PAS LE BÉBÉ.

SHK!

PARCE QUE C'EST ÉTRANGE.

AÏE!

T'AS VU?!

JE T'AVAIS DIT DE NE PAS Y TOUCHER!

NE T'EN FAIS PAS POUR ÇA.

C'EST JUSTE UNE PETITE COUPURE.

CRRRR

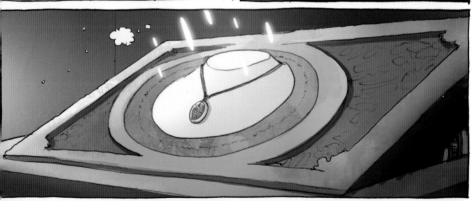

SORTONS D'ICI AVANT D'AVOIR DES PROBLÈMES.

ATTENDS.

31

ALLEZ, EMI.

ON FERAIT MIEUX DE LE LAISSER LÀ ET D'EN PARLER À MAMAN.

ELLE NOUS DIRA JUSTE DE LE REMETTRE À SA PLACE.

VIENS!

AIDE-MOI À LE METTRE.

JE NE SUIS PAS DOUÉ POUR FAIRE DES NOEUDS.

C'EST FACILE.

FAIS SIMPLEMENT DEUX BRETZELS.

DEUX BRETZELS.

FLOUCH

SHK!

TU L'AS ATTACHÉ?

JE, HUM...

JE PENSE, OUI.

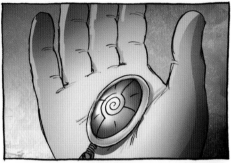

IL EST MAGNIFIQUE.

NE DIS RIEN À MAMAN, D'ACCORD?

J'EN VEUX UN AUSSI.

JE TE LAISSERAI LE PORTER QUAND JE M'EN SERAI LASSÉE.

VIENS.

ALLONS AIDER MAMAN.

POURQUOI EST-CE QUE JE N'AI JAMAIS LES TRUCS EN PREMIER?

HMM?

EMI, ATTENDS!

34

CLIC!

LE COURANT DEVRAIT ÊTRE RÉTABLI D'ICI DEUX JOURS.

D'ICI LÀ, CE SERA COMME SI ON FAISAIT DU CAMPING.

QU'EST-CE QUI NE VA PAS, EMILY?

POURQUOI EST-CE QUE NOUS AVONS DÉMÉNAGÉ ICI?

VRAIMENT.

J'AI PENSÉ QUE VOUS APPRÉCIERIEZ TOUTE CETTE NATURE.

VOUS AVEZ TOUJOURS AIMÉ LES CAMPS D'ÉTÉ.

OUAIS, MAIS NOUS N'Y PASSONS QU'UN SEUL MOIS DANS L'ANNÉE.

NOUS N'Y RESTONS PAS POUR TOUJOURS.

ÉCOUTE, JE VOULAIS JUSTE COMMENCER UNE NOUVELLE VIE ET LAISSER L'ANCIENNE DERRIÈRE NOUS.

JE VOULAIS PRENDRE UN NOUVEAU DÉPART. IL N'Y A PAS DE MAL À ÇA, N'EST-CE PAS ?

MAIS NOUS N'AVIONS PAS À FAIRE TOUT CE CHEMIN ET VENIR ICI POUR ÇA.

ÇA N'EST PAS QUELQUE CHOSE QUE PAPA AURAIT FAIT.

GLOUP !

POURQUOI DIS-TU DES CHOSES PAREILLES, EMILY ?

MAIS C'EST LA VÉRITÉ.

ÉCOUTE, C'EST JUSTE...

JE NE...

MAMAN.

MAMAN.

JE SUIS DÉSOLÉE.

VOTRE PÈRE ME MANQUE AUTANT QU'À VOUS.

JE VOUDRAIS QU'IL SOIT LÀ.

J'AIMERAIS POUVOIR LUI PARLER.

MAIS, PLUS QUE TOUT, J'AIMERAIS SAVOIR QUOI FAIRE.

JE VOUDRAIS NE PAS ÊTRE SEULE.

MAIS TU N'ES PAS SEULE.

VENEZ LÀ.

TOUS LES DEUX.

JE VOUS AIME TELLEMENT TOUS LES DEUX.

JE NE SAIS PAS CE QUE JE FERAIS SI JE VOUS PERDAIS ÉGALEMENT.

ÇA N'ARRIVERA PAS.

COMMENT ÇA VA EMILY ?

TU N'AS PAS FROID ?

ÇA VA BIEN.

MERCI, MAMAN.

RESTEZ PRÈS DE MOI.

BANG!

IL Y A QUELQU'UN?

C'EST PROBABLEMENT LA TUYAUTERIE.

OU PEUT-ÊTRE UN RATON LAVEUR.

UN RATON LAVEUR?

ON DIRAIT QUE CELA PROVIENT DU SOUS-SOL.

BANG!

CRIIIC!

JE VEUX QUE VOUS RESTIEZ ICI, EN SÉCURITÉ.

S'IL S'AGIT VRAIMENT D'UN ANIMAL, JE NE VEUX PAS QUE VOUS VOUS EN APPROCHIEZ.

IL POURRAIT MORDRE.

JE VEUX Y ALLER AVEC TOI.

NON.

TU RESTES ICI.

FERME CETTE PORTE SI JE TE LE DIS, D'ACCORD?

MAMAN.

FAIS CE QUE JE DIS.

JE REVIENS TOUT DE SUITE.

C'EST PROMIS.

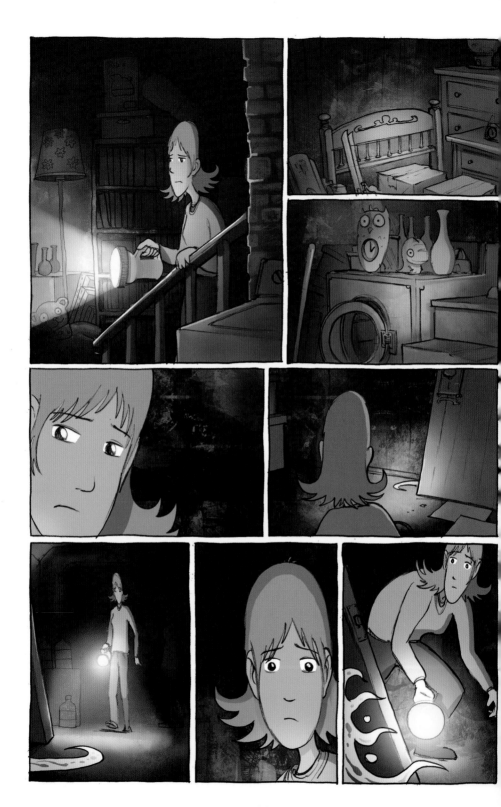

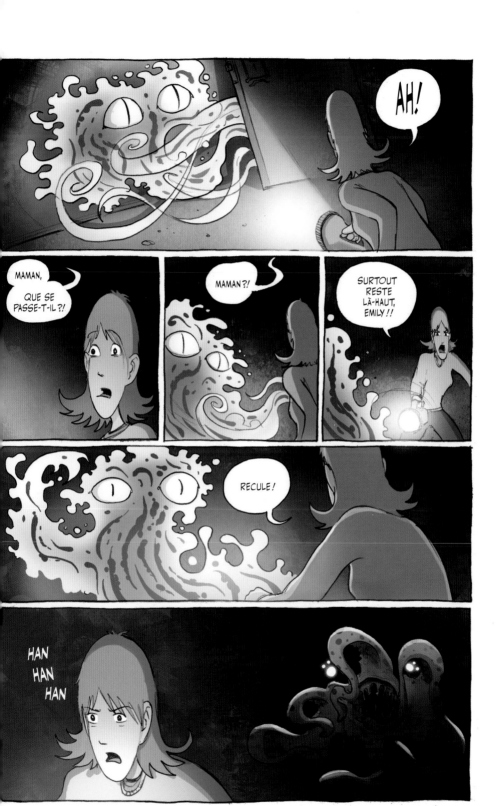

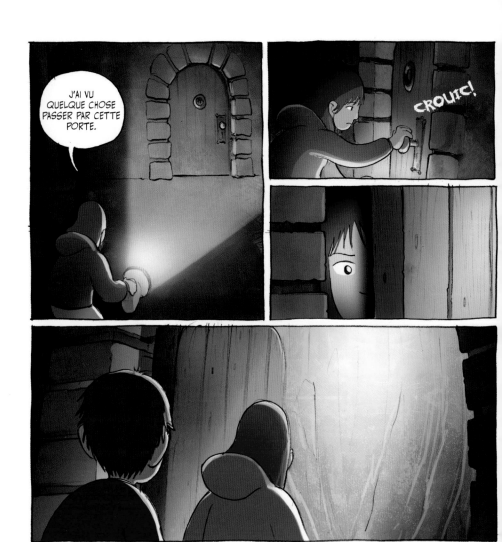

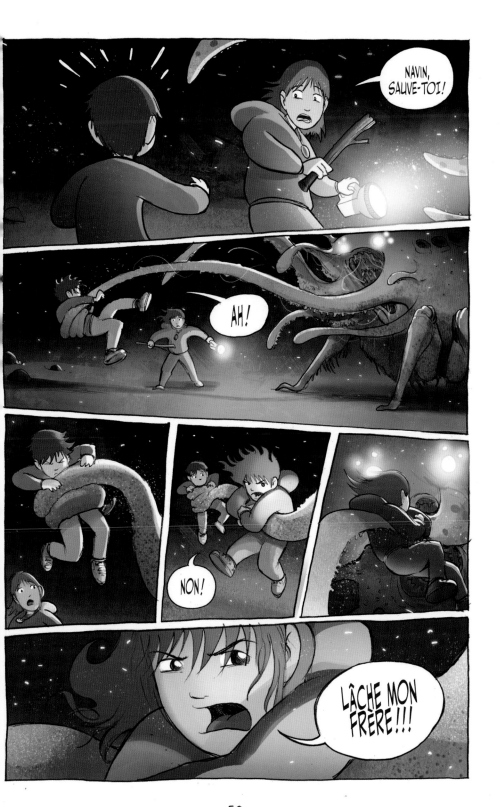

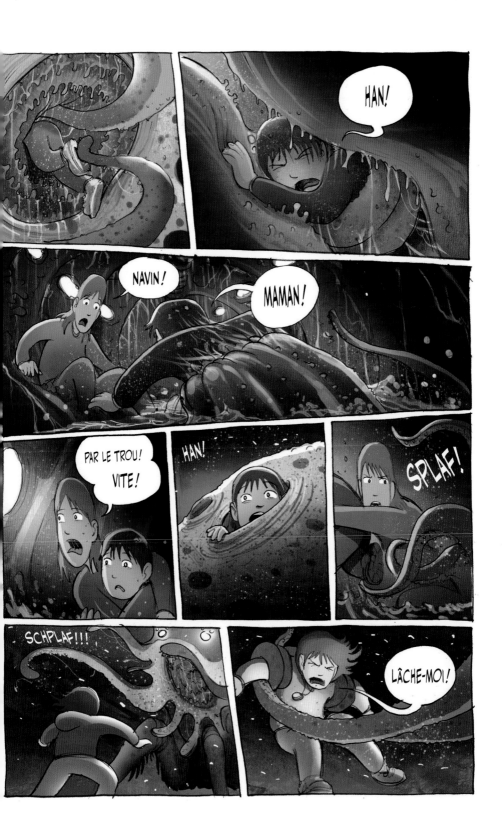

SKRIII!

ALLEZ!

LÈVE-TOI!

VA VERS LES
ROCHERS!

JE NE SAIS PAS.

EMILY.

SI TU VEUX SAUVER TA MÈRE, ÉCOUTE ATTENTIVEMENT.

DESCENDS DANS LE RAVIN ET TROUVE LE RUISSEAU DE LA CAVERNE.

SUIS-LE VERS L'AMONT, REMONTE À SA SOURCE...

ET LÀ, TU TROUVERAS UNE MAISON CONSTRUITE SUR UNE COLONNE DE ROCHERS.

PRENDS GARDE AUX CRÉATURES QUI SERONT SUR TON CHEMIN.

QUOI QU'IL ARRIVE, TU DOIS OBTENIR L'AIDE DE L'HOMME QUI VIT DANS LA MAISON...

TON ARRIÈRE-GRAND-PÈRE, SILAS CHARNON.

VAS-Y
MAINTENANT.

TU N'AS
PAS DE TEMPS
À PERDRE.

QU'EST-CE
QUE C'ÉTAIT
QUE ÇA?

PRENDS MA
MAIN.

CROUNCH

C'EST UN
CUL-DE-SAC.

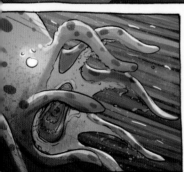

LES CHAMPIGNONS-
PARAPLUIE.

ARRACHE-LES PAR
LES RACINES ET
UTILISE-LES COMME
DES VOILES.

DES
VOILES ?

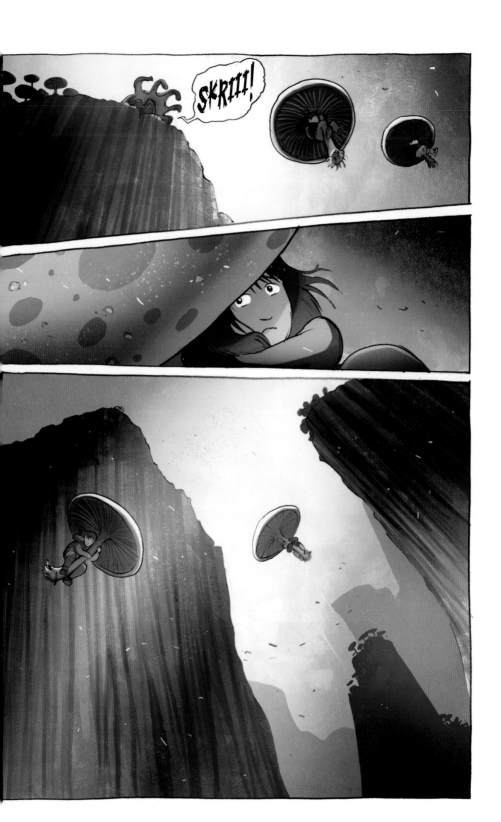

ÇA VA?

OUAIS.

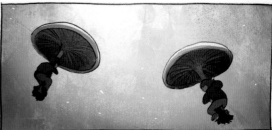

HÉ, EMI,

SI ON SE PENCHE, ON PEUT LE DIRIGER.

ESSAIE DE LE GARDER STABLE.

POC!

HEIN?

PIC!
PIC!

EMI!

IL Y A QUELQUE CHOSE QUI MANGE MON PARACHUTE!

PIC!
PIC!

ACCROCHE-TOI!

J'ARRIVE!

TIENS BON!

PIC!

PIC!

PAF!

COUAC!

COUAC!

PIF!
PAF!

PIC!
PIC!

JE VAIS REFAIRE LE TOUR, NAVIN.

HWIII!

D'ICI UNE MINUTE, CE BEC EN CÔNE ATTEINDRA LA TIGE.

QUAND CELA SE PRODUIRA, NAVIN FERA UNE CHUTE MORTELLE.

QU'EST-CE QUE JE PEUX FAIRE?!

UTILISE L'AMULETTE.

HWIII

PIC! POC! PIC!

TU L'AS DÉJÀ FAIT.

TU PEUX LE REFAIRE.

N'AIE PAS PEUR.

CONCENTRE-TOI...

ET PROJETTE CETTE ÉNERGIE...

VRRRRN

PSHIIIT!!

COUAAC!

KRRR!

JE N'EN SUIS PAS VRAIMENT CERTAINE.

COMMENT AS-TU FAIT ÇA?

EMI, EST-CE QUE ÇA VEUT DIRE QUE TU ES UNE MAGICIENNE?

NON.

ATTENDS,

JE VOULAIS DIRE UNE SORCIÈRE.

TU ES UNE SORCIÈRE.

ARRÊTE, NAVIN.

JE NE SUIS PAS UNE SORCIÈRE.

MAIS C'ÉTAIT TELLEMENT MAGIQUE.

KSSSH!

MAINTENANT, SOUVIENS-TOI D'UTILISER CE POUVOIR AVEC SAGESSE.

ÊTRE UN GARDIEN DE LA PIERRE EST UNE RESPONSABILITÉ QUE TU NE DOIS PAS PRENDRE À LA LÉGÈRE.

UN GARDIEN DE LA PIERRE?

QU'EST-CE QU'ON FAIT POUR MAMAN?

FLIC FLAC

COMMENT SAIS-TU QUE NOUS POUVONS LUI FAIRE CONFIANCE?

CETTE VOIX SEMBLAIT PLUTÔT SOURNOISE.

FLIC FLAC

L'AMULETTE A DIT D'ALLER VERS L'AMONT ET DE SUIVRE LE RUISSEAU JUSQU'À SA SOURCE.

NOUS FERIONS MIEUX DE FAIRE CE QU'ELLE A DIT.

CETTE VOIX SOURNOISE T'A SAUVÉ LA VIE.

ET CE N'EST PAS COMME SI NOUS AVIONS D'AUTRES CHOIX, NAVIN.

DONC, À MOINS QUE TU N'AIES UN MEILLEUR PLAN...

L'AMULETTE SERA NOTRE GUIDE.

EMILY.

NE PERDS PAS NAVIN DE VUE.

HEIN?

NAVIN!

NAVIN!

ÉLOIGNE-TOI DE CES CHOSES!!

ELLE SONT INOFFENSIVES, EMI.

COMMENT SAIS-TU QU'ELLES NE SONT PAS MALADES?

ALLEZ,

LÈVE-TOI.

JE NE PEUX PAS RISQUER QUE TU TOMBES MALADE OU QUE TU TE BLESSES.

GLOUP!

FSSSHHHHH

..FSHHHH.

ÇA DOIT ÊTRE LA MAISON.

IL VA NOUS FALLOIR TRAVERSER.

TU ES PRÊT À NAGER ?

NAVIN ?

QUELQU'UN ARRIVE.

SHK!

HUMMMM

QU'EST-CE QUE C'EST QUE ÇA?

NE BOUGE PAS ET NE DIS PAS UN MOT.

VRRRN

VAK!

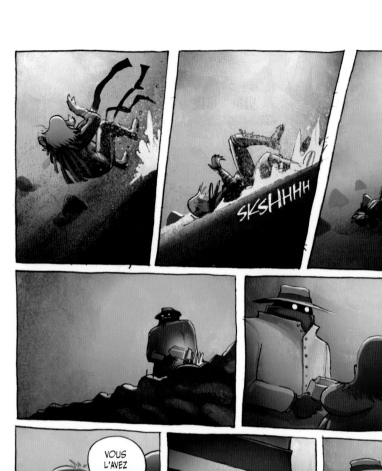

VOUS L'AVEZ TUÉ !

JE L'AI SEULEMENT ASSOMMÉ.

IL SE RELÈVERA TRÈS VITE.

IL NOUS FAUT DONC FAIRE VITE.

AU BATEAU.

VITE.

IL REVIENT !

ACCROCHEZ-VOUS BIEN.

COMMENT POUVEZ-VOUS RAMER ASSEZ VITE POUR
...

TAC!

OUAH!

CHOUM!

PAF!

PAF!

QU'EST-CE QU'IL NOUS VOULAIT ?

L'AMULETTE.

COMME BEAUCOUP D'AUTRES, IL CHERCHE SON POUVOIR.

ET COMMENT PUIS-JE SAVOIR QUE VOUS N'ÊTES PAS ÉGALEMENT APRÈS ELLE ?

PARCE QUE JE SUIS CELUI QUI A FAIT EN SORTE QU'ELLE VOUS PARVIENNE.

IL S'AGIT D'UN CADEAU DE VOTRE ARRIÈRE-GRAND-PÈRE, SILAS CHARNON.

IL VOUS A CHOISIE POUR HÉRITER DU POUVOIR DE L'AMULETTE.

ET QUI ÊTES-VOUS ?

JE SUIS SON ASSISTANT.

EST-CE QUE SILAS POURRA NOUS AIDER À SAUVER NOTRE MÈRE ?

VOUS ALLEZ POUVOIR LUI DEMANDER VOUS-MÊMES.

IL ATTEND
DE VOUS
RENCONTRER
DEPUIS FORT
LONGTEMPS.

REGARDEZ
OÙ VOUS
METTEZ LES
PIEDS.

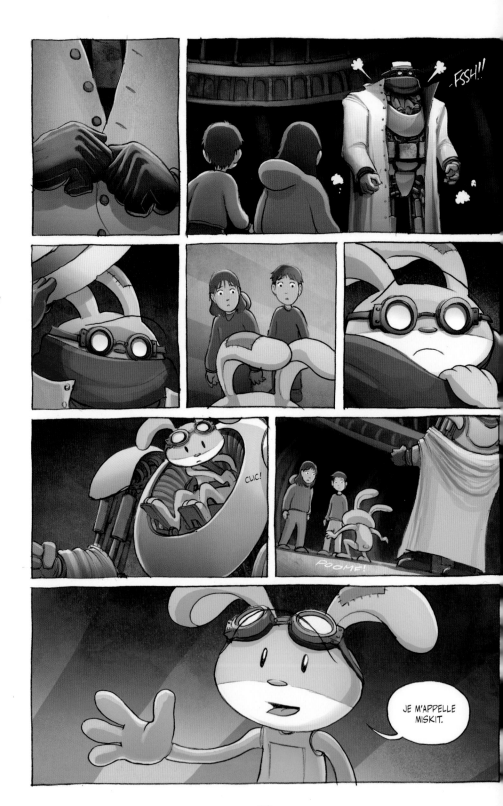

HUM, BONJOUR.

MAINTENANT, SUIVEZ-MOI, S'IL VOUS PLAÎT.

C'EST UN HONNEUR DE TE RENCONTRER, EMILY.

TOUT LE MONDE VOUS ATTEND.

TOUT LE MONDE?

QUI ÇA, TOUT LE MONDE?

LES VOILÀ, RUBY.

SQUIIT.

TU PLAISANTES, N'EST-CE PAS?

CE NE SONT QUE DEUX AVORTONS!

UN PEU DE RESPECT, COGSLEY.

SILAS SAIT CE QU'IL FAIT.

J'ESPÈRE QUE TU AS RAISON.

NE FAITES PAS ATTENTION À LUI.

IL EST TOUJOURS COMME ÇA.

OH, DIEU MERCI, TE VOILÀ.

QUE SE PASSE-T-IL ?

JETTE UN ŒIL À SES RELEVÉS.

ILS S'AFFAIBLISSENT.

IL S'EST MÊME ÉVANOUI QUAND J'AI ESSAYÉ DE LE NOURRIR UN PEU PLUS TÔT.

SI ÇA CONTINUE COMME ÇA...

OH,

CE DOIVENT ÊTRE LES ENFANTS.

C'EST UN PLAISIR DE VOUS RENCONTRER.

JE M'APPELLE MORRIE.

ET MOI EMILY. ET VOICI NAVIN.

C'EST UN PLAISIR.

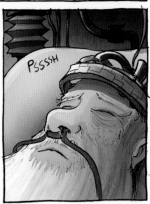

PSSSSH

MONSIEUR ...

ILS SONT LÀ.

ILS ONT RÉUSSI.

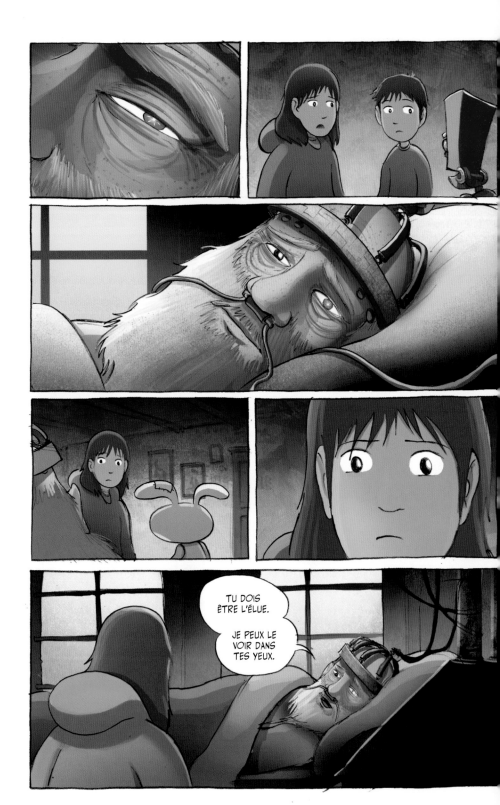

VOUS ÊTES SILAS CHARNON?

OUI, MA CHÈRE.

ET TU DOIS ÊTRE MLLE EMILY HAYES.

ET CE DOIT ÊTRE MAÎTRE NAVIN.

C'EST VOUS QUI AVEZ CONSTRUIT TOUS CES TRUCS?

OUI.

AVEC L'AIDE DE QUELQUES AMIS, BIEN ENTENDU.

ALORS VOUS SAVEZ POURQUOI NOUS SOMMES ICI.

OUI.

NOTRE MÈRE EST EN DANGER.

L'AMULETTE NOUS A DIT DE VOUS TROUVER ET QU'ENSUITE, VOUS NOUS AIDERIEZ.

POUVEZ-VOUS NOUS AIDER ?

MAIS, MA CHÈRE, TU DOIS COMPRENDRE...

QUE JE L'AI DÉJÀ FAIT.

HWIIIII

LAISSE-MOI T'EN DIRE UN PEU PLUS À PROPOS DE TON HÉRITAGE.

L'AMULETTE CONTIENT UNE PIERRE QUI PEUT GARANTIR À QUELQU'UN LE POUVOIR DE DIRIGER LE PAYS D'ALLEDIA.

ALLEDIA?

C'EST LÀ OÙ TU ES EN CE MOMENT.

UNE VERSION ALTERNATIVE DE NOTRE PLANÈTE TERRE.

AVEC LE TEMPS, TU CONNAÎTRAS LE PAYS ET SES HABITANTS.

TU VERRAS COMME IL EST MAGNIFIQUE.

MAIS QU'EST-CE QUE CELA A À VOIR AVEC LE FAIT DE NOUS AIDER ?

CELA DEVIENDRA ÉVIDENT QUAND TU RÉALISERAS L'ÉTENDUE DES CAPACITÉS DE LA PIERRE.

SI TU PEUX LA MAÎTRISER,

TU NE SAUVERAS PAS SEULEMENT LA VIE DE TA MÈRE,

MAIS TU ACQUERRAS UN POUVOIR IMMENSE ET MAGNIFIQUE, DÉPASSANT TOUT CE QUE TU AURAIS PU IMAGINER.

JE N'AI PAS RÉUSSI À LA MAÎTRISER AU COURS MA VIE.

MAIS TOI...

TU PEUX Y PARVENIR.

LE POUVOIR NE M'INTÉRESSE PAS.

JE VEUX JUSTE RETROUVER MA MAMAN ET RENTRER À LA MAISON.

99

ET SI JE TE DISAIS QUE CE POUVOIR TE PERMETTRAIT DE *REMONTER LE TEMPS?*

DE FAIRE EN SORTE QUE LES CHOSES REDEVIENNENT CE QU'ELLES ÉTAIENT?

IL Y A BIEN DÛ Y AVOIR UN MOMENT DANS TA VIE OÙ TU ÉTAIS PLUS HEUREUSE.

IL M'EST DIFFICILE D'IMAGINER QUE TU AS TOUJOURS ÉTÉ UNE JEUNE FILLE AUSSI SÉRIEUSE ET DÉTERMINÉE.

TU PEUX AVOIR CE QUE TU RECHERCHES VÉRITABLEMENT.

ET TOUT CE QUE TU AS À FAIRE, C'EST ÉCOUTER LA PIERRE.

ELLE TE PERMETTRA D'OBTENIR LE POUVOIR DE FAÇONNER TON MONDE.

ELLE TE DONNERA TOUT CE QUE TU DÉSIRES ET PLUS ENCORE.

J'AURAIS BIEN VOULU ÊTRE LÀ POUR LE PARTAGER AVEC TOI.

EMILY,

QUAND JE NE SERAI PLUS LÀ, TU DEVRAS FAIRE UN CHOIX.

TU DOIS CHOISIR ENTRE ACCEPTER LE POUVOIR DE LA PIERRE OU T'EN DÉTOURNER.

RAPPELLE-TOI SEULEMENT QUE CHAQUE CHOIX IMPLIQUE DES CONSÉQUENCES ET DES SACRIFICES.

MAIS POURQUOI?

POURQUOI MOI?

PARCE QUE JE SAIS QUE TU NE ME LAISSERAS PAS TOMBER.

MISKIT.

OUI, MON-SIEUR.

J'AI LAISSÉ L'ENSEMBLE DE MES RÉFLEXIONS ET DE MES MÉMOIRES DANS TA BASE DE DONNÉES.

TON TRAVAIL SERA DE FORMER EMILY ET DE LA METTRE SUR LE BON CHEMIN.

TU ÉTAIS MON ÉLÈVE.

DORÉNAVANT, EMILY SERA LA TIENNE.

MAIS, MONSIEUR, JE NE SUIS PAS PRÊT.

TU ES NÉ PRÊT !

C'EST POUR ÇA QUE JE T'AI CRÉÉ.

MAIS, MONSIEUR,

JE NE PEUX PAS LE FAIRE SEUL.

TU N'ES PAS SEUL.

ALORS CALME-TOI.

TES CRAINTES NE SONT PAS JUSTIFIÉES.

DÈS LE MOMENT OÙ J'AI VU LEURS VISAGES, J'AI SU QUE TOUT SE PASSERAIT BIEN.

C'EST LA SENSATION QUE J'AI ATTENDUE TOUTE MA VIE.

VOUS NE POUVEZ PAS NOUS LAISSER COMME ÇA AVEC DEUX ENFANTS !

IL... EST-CE QU'IL EST MORT ?

SILAS...

NE NOUS LAISSE PAS...

WHIRRR CLIC!

?

POURQUOI EST-CE QUE VOUS ME REGARDEZ COMME ÇA?

WHIRRRR CLIC! WHIRRRR CLIC!

SILAS PARTI, TU ES NOTRE SEUL ESPOIR.

NE REFUSE PAS, S'IL TE PLAÎT.

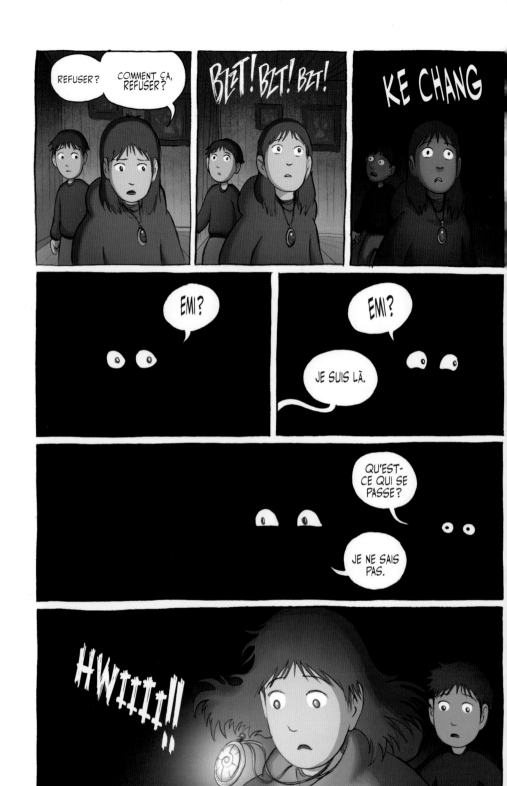

IL EST TEMPS DE CHOISIR.

PRENDS LA PLACE DE SILAS EN TANT QUE GARDIEN DE LA PIERRE...

ET TU RANIMERAS UNE FAMILLE QUI PEUT T'AIDER À RETROUVER LA TIENNE.

PRENDS SIMPLEMENT L'AMULETTE DANS TES MAINS ET ACCEPTE SES POUVOIRS.

EMI, ATTENDS.

JE N'AI PAS CONFIANCE EN ELLE.

SANS POUVOIR, TU NE PEUX PAS ATTEINDRE CE QUE TU DÉSIRES.

107

EMI,
NE LE FAIS
PAS.

SANS LA PIERRE,
TOUT CE QUI T'ENTOURE
SE TRANSFORMERA EN
POUSSIÈRE.

ACCEPTE
LE POUVOIR...

ET UTILISE-LE
POUR SAUVER
TA FAMILLE.

NAVIN,
NOUS AVONS
BESOIN DE
LEUR AIDE.

IL DOIT
Y AVOIR
UNE AUTRE
SOLUTION!

ON PEUT
LE FAIRE TOUT
SEULS.

IL A
RAISON.

IL Y A D'AUTRES
SOLUTIONS...

MAIS AUCUNE
D'AUSSI SÛRE.

COMMENT PEUX-TU
TE PERMETTRE DE
COMPTER SUR LA FOI
QUAND LE TEMPS FILE?

TU SAIS CE
QUE TU DOIS FAIRE.

EMI,
NON!

HÉ! NOUS SOMMES VIVANTS!

NOUS SOMMES TOUJOURS DANS LE COUP!

OH, MERCI SILAS!

C'ÉTAIT DE JUSTESSE.

NOUS ALLONS CONTINUER, MONSIEUR.

¡CLAP!

CRRR!

ZOUlll

ZOUlll

THEODORE,

METS SILAS DANS UNE CABINE ET PRÉPARE-LE AU TRANSPORT VERS KANALIS.

OUI, SIR.

ZOUlll

NOUS ALLONS DEVOIR CONSULTER L'ORDINATEUR PRINCIPAL POUR LOCALISER TA MÈRE.

SUIVEZ-MOI, S'IL VOUS PLAÎT.

EMI, J'AI LE SENTIMENT QUE TU NOUS PLONGES DANS DES ENNUIS DE PLUS EN PLUS SÉRIEUX.

ÉCOUTE, EN L'ABSENCE DE MAMAN, C'EST MOI QUI COMMANDE, D'ACCORD ?

JE PEUX GÉRER ÇA.

VOICI LA CARTE DE NOTRE EMPLACEMENT ACTUEL : LA MONTAGNE DE GONDOA.

LA CARTE NOUS DÉTAILLE ÉGALEMENT TOUTES LES FORMES DE VIE DANS CET ESPACE.

LÀ.

CE SONT LES CRÉATURES QUI ONT EMPORTÉ TA MÈRE.

ELLES SE DIRIGENT AU NORD, VERS LA GROTTE DE MORLEY.

SI...

NE ME FAITES PAS CROIRE ÇA, CHEF !

NE ME DITES PAS QU'ON TRAVAILLE DORÉNAVANT POUR CES LILLIPUTIENS.

EMILY EST MAINTENANT NOTRE CAPITAINE.

CE N'EST QU'UNE ENFANT.

C'ÉTAIT LA DERNIÈRE VOLONTÉ DE SILAS.

HUMPH.

MISKIT, TU AS DIT QU'ELLE SE DIRIGEAIT VERS LA GROTTE DE MORLEY, PAS VRAI ?

OUI.

EH BIEN, IL Y A UN TUNNEL QUI POURRAIT NOUS Y CONDUIRE DIRECTEMENT.

NOUS POUVONS LES REJOINDRE AVANT QU'ELLES NE QUITTENT LA GROTTE.

IL NE S'AGIT PAS DE N'IMPORTE QUEL TUNNEL, GAMINE.

C'EST L'ÉPREUVE!

VOUS VOYEZ CES FORMES DE VIE LE LONG DES PAROIS?

CE SONT DES RATISSEURS.

QU'EST-CE QUE C'EST QUE DES RATISSEURS?

LES RATISSEURS SONT PARMI LES HABITANTS SOUTERRAINS LES PLUS FÉROCES D'ALLEDIA.

ILS SONT PRINCIPALEMENT CONSTITUÉS DE LARGES TENTACULES ET DE DENTS, ET DÉVORENT TOUT CE QU'ILS PEUVENT SAISIR.

SE DÉPLACER À PIED PARMI EUX CONDUIRAIT À UNE MORT CERTAINE.

QUELLE AUTRE OPTION AVONS-NOUS?

L'ALBATROS.

VOUS POUVEZ PRENDRE L'ALBATROS POUR TRAVERSER L'ÉPREUVE.

MAIS CETTE GUIMBARDE N'A PAS VOLÉ DEPUIS DES ANNÉES !

VOUS N'AVEZ QU'À VOUS PRÉPARER POUR LE DÉCOLLAGE.

JE M'OCCUPERAI DE LE FAIRE FONCTIONNER.

ON PEUT LUI FAIRE CONFIANCE ?

COGSLEY PEUT ÊTRE UN VÉRITABLE ENQUIQUINEUR,

MAIS C'EST ÉGALEMENT LE ROBOT LE PLUS TRAVAILLEUR QUE JE CONNAISSE.

IL FAUDRA TOUCHER LA CIBLE À COUP SÛR.

IL SEMBLERAIT QUE JE N'AIE QUE DEUX PIQÛRES TRANQUILLISANTES.

QU'EST-CE QU'ON FAIT UNE FOIS QU'ELLE EST ANESTHÉSIÉE ?

ON LA HARPONNE ET ENSUITE ON LA TRAÎNE JUSQU'À CE QU'ELLE S'ARRÊTE.

POUOMF!

VOILÀ.

IL EST COMME NEUF.

ÉCOUTEZ-MOI, LES AVORTONS.

MISKIT VA AVOIR BESOIN D'UN COPILOTE ET NI MOI NI BOTTLE ICI PRÉSENT NE POUVONS MONTER À BORD DE CET AVION, PARCE QUE NOUS SOMMES TROP LOURDS.

CE QUI SIGNIFIE, LES PUCERONS, QU'UN DE VOUS DEUX DOIT AIDER À FAIRE VOLER CE TRUC.

ALORS, LEQUEL DE VOUS DEUX?

NAVIN EST TROP JEUNE.

JE LE FERAI.

QUOI?!

SI JE SUIS TROP JEUNE, ALORS TU L'ES AUSSI!

D'AUTRE PART, TU SAIS QUE JE SUIS MEILLEUR QUE TOI POUR DES TRUCS COMME ÇA.

MAIS TU PARLES DE JEUX VIDÉO.

C'EST LA VRAIE VIE!

ET?!

EMI, S'IL TE PLAÎT, LAISSE-MOI PILOTER L'AVION.

S'IL TE PLAÎT.

BIEN.

C'EST VRAI?

VOUS AVEZ FINI VOS PLAISAN-TERIES?

VOUS AVEZ BIEN LE CANON À HARPON ET LE FUSIL TRANQUILLISANT, N'EST-CE PAS?

VOUS AUREZ PROBABLEMENT BESOIN DE ÇA ÉGALEMENT.

POUR TENIR LES RATISSEURS HORS DE PORTÉE.

SOYEZ RAPIDES.

NE VOUS ARRÊTEZ MÊME PAS POUR RÉFLÉCHIR.

D'ACCORD.

EST-CE QUE TU COMPRENDS COMMENT FONCTIONNENT CES COMMANDES?

JE CROIS, QUE OUI.

ÇA SEMBLE PLUTÔT SIMPLE.

VITESSE

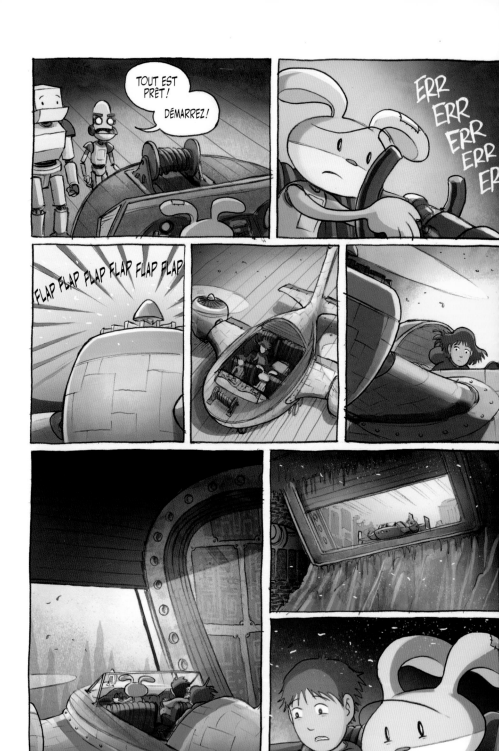

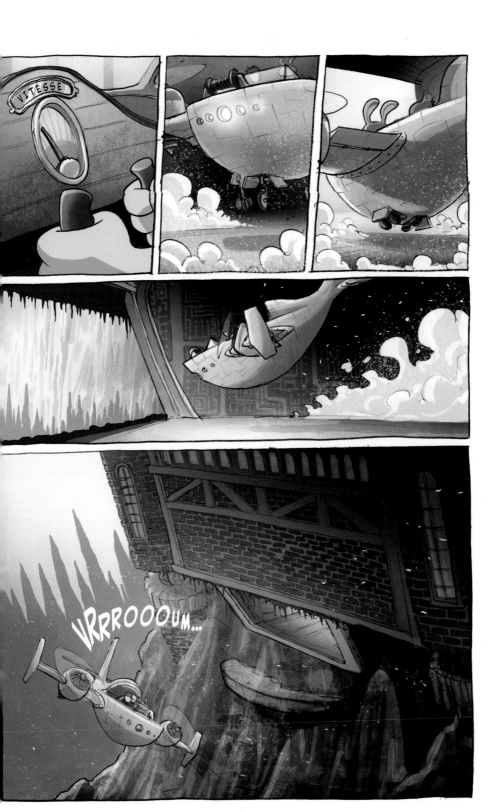

BIEN, NAVIN, J'AI BESOIN QUE TU PRENNES LES COMMANDES.

JE VAIS REPOUSSER LES RATISSEURS POUR QU'ILS NOUS LAISSENT LA VOIE LIBRE.

FAIS DE TON MIEUX POUR ÉVITER LES PAROIS ET DÉPLACE-TOI LE PLUS VITE POSSIBLE.

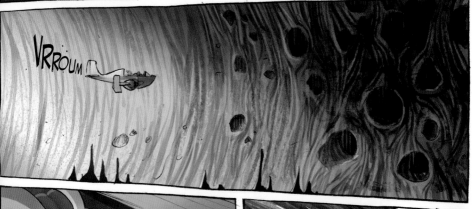

VRROUM

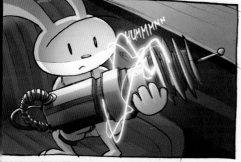

HUMMMN

ILS VONT ATTAQUER DE TOUS LES CÔTÉS,

ALORS PRÉPARE-TOI.

LES VOILÀ.

128

SPAC!

JE TE
TIENS !

EST-CE
QUE TU VAS
BIEN ?

JE CROIS
QUE OUI.

HÉ, LES
AMIS...

IL COMMENCE
À Y AVOIR
FOULE ICI.

BIEN JOUÉ, NAVIN!

CLIC! CLIC! CLIC! CLIC!

KSSSHT!

NOUS SOMMES PASSÉS!

ILS L'ONT FAIT!

À QUELLE DISTANCE SOMMES-NOUS DE L'ARACHNOPODE?!

TERMINÉ!

ILS SONT JUSTE AU-DESSUS D'ELLE!

VOUS ÊTES JUSTE AU-DESSUS D'ELLE!

TERMINÉ!

IL DIT QUE NOUS SOMMES AU-DESSUS D'ELLE!

VRROUM

JE LES VOIS!

IL Y EN A PLUS D'UNE!

ET ELLES SE DÉPLACENT RAPIDEMENT!

NAVIN, FAIS-NOUS DESCENDRE.

MAIS SOIS PRUDENT.

HÉ, REGARDEZ!

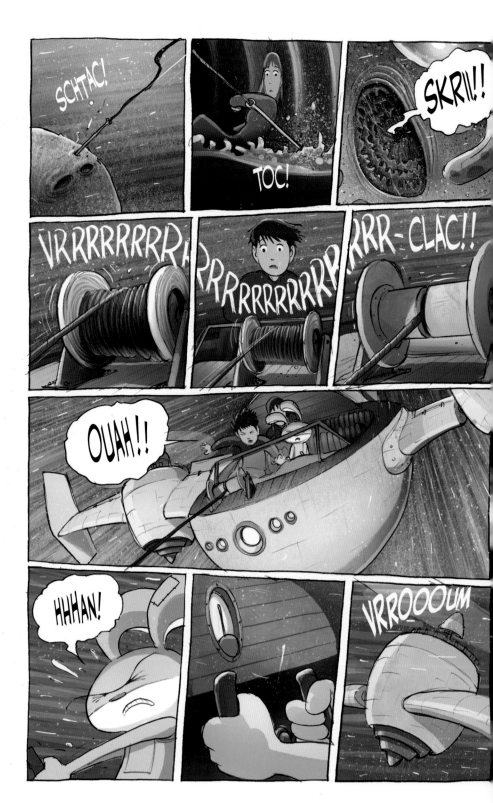

KRRRRK!

POURQUOI ÇA NE MARCHE PAS?!

J'AI FAIT UNE ERREUR!!!

AERRRGH!!

COMMENT ÇA?

J'AI PRIS LES MAUVAISES SERINGUES!!

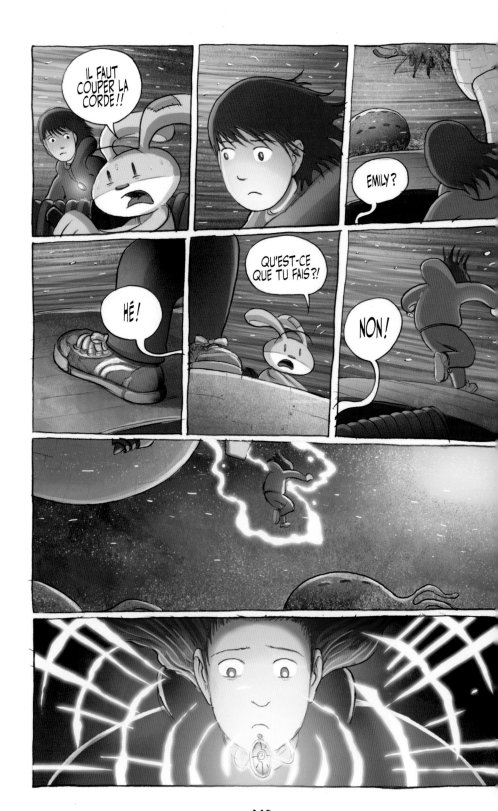

140

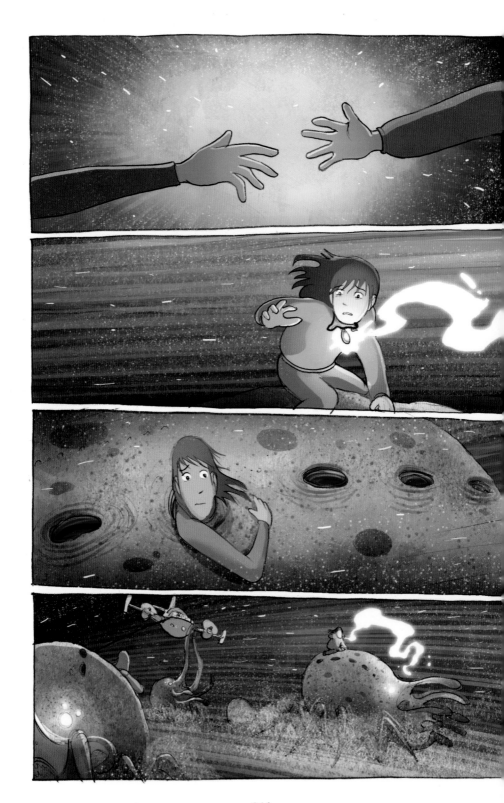

SKRII!!

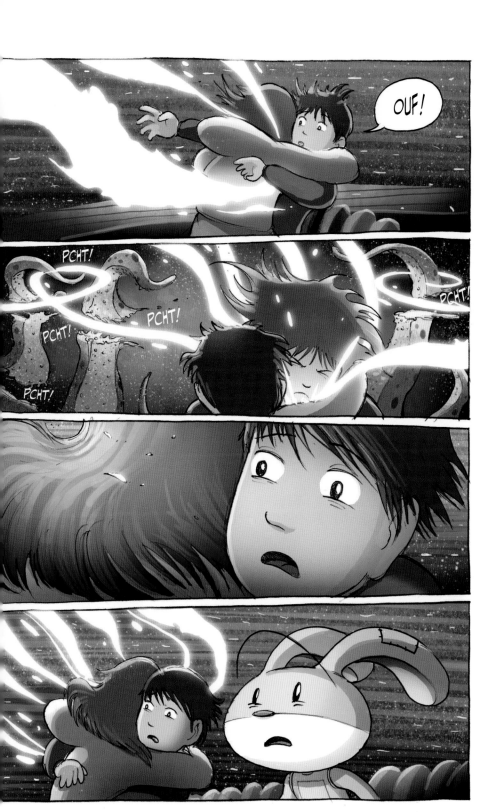

150

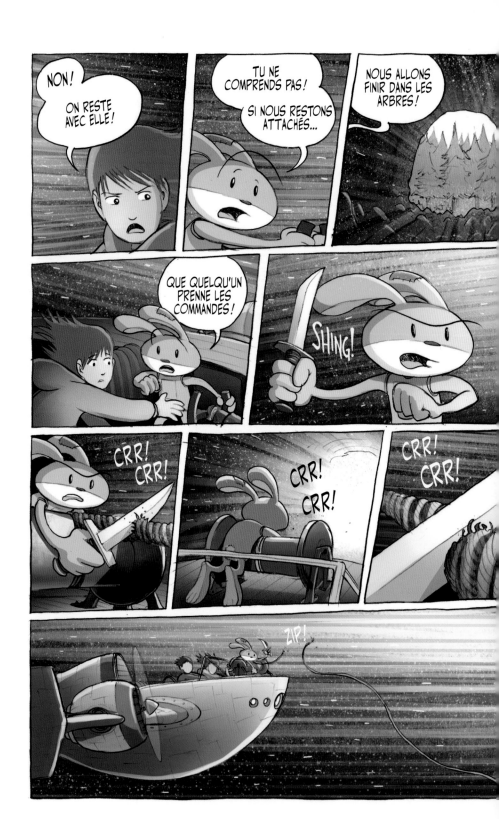

MISKIT?

NAVIN, RESTE LÀ.

EMI?

EMI, ATTENDS!

MAMAN!!

LAISSE-LA PARTIR.

J'AI DIT...

LAISSE-LA PARTIR!!!

SPLACH!

VWAM!

161

HEIN?

SKSSSH!

ARGH!

SI TU VEUX L'AMULETTE, VAS-Y, PRENDS-LA!

MAIS LAISSE-NOUS TRANQUILLES!

QU'EST-CE QUI TE FAIT CROIRE QUE JE CHERCHE L'AMULETTE?

CE N'EST PAS LA PIERRE QUE JE VEUX.

C'EST TOI.

AU CONTRAIRE, JE VEUX T'AIDER À LE DÉTRUIRE.

SI NOUS JOIGNONS NOS FORCES, NOUS POUVONS LIBÉRER LE PAYS DE SA POIGNE DE FER.

ET TU FINIRAS CE QUE TON ARRIÈRE-GRAND-PÈRE AVAIT COMMENCÉ.

LAISSE-NOUS TRANQUILLES.

JE VAIS RENDRE TON CHOIX UN PEU PLUS FACILE.

DIS BONJOUR À SYBRIAN.

ZAP!

164

UNE FOIS QU'IL SERA DANS TON CERVEAU, TU N'AURAS PLUS À PENSER.

DÉTENDS-TOI.

PLUS DE SOUCIS.

PLUS DE PEURS.

PEUR...

N'AIE PLUS PEUR...

CONCENTRE-TOI...

DÉTRUIS-LE, EMILY.

FAIS-LE PAYER.

GRRR ! NON... ARRÊTE !

DÉTRUIS-LE AVANT QU'IL NE SOIT TROP TARD.

ATTENDS !

TU FAIS UNE ERREUR !

IL T'A SÉPARÉE DE TA MÈRE.

FAIS-LE PAYER.

NON.

TU ES EN TRAIN DE FAIRE UNE ERREUR,

JEUNE MAÎTRESSE.

VA-T'EN.

ET NE T'APPROCHE PLUS JAMAIS DE MOI OU DE MA FAMILLE.

COMPRIS?

O-OUI.

splach!

HAN
HAN_

ARGH!

EMI!!!

SES SIGNES VITAUX SONT STABLES.

LE POISON NE LA TUERA PAS, MAIS ELLE A BESOIN D'UN ANTIDOTE.

AUTREMENT, ELLE POURRAIT NE JAMAIS SE RÉVEILLER.

ÇA DÉPENDRA DE TOI, MA CHÈRE.

ZIT !

JE SUIS TELLEMENT DÉSOLÉE, MAMAN.

JE SUIS TELLEMENT DÉSOLÉE.

EMI, TU VAS BIEN ?

OUAIS. SNIF. ÇA VA.

KANALIS EST LA VILLE LA PLUS PROCHE. NOUS Y TROUVERONS PROBABLEMENT CE DONT NOUS AVONS BESOIN.

MAIS C'EST À CINQ CENTS KILOMÈTRES D'ICI.

SANS L'ALBATROS, CE VOYAGE POURRAIT PRENDRE DES SEMAINES.

HÉ, LES CLOWNS, EST-CE QUE VOUS AVEZ DÉJÀ OUBLIÉ?

IL NOUS RESTE ENCORE UN VÉHICULE.

EST-CE QUE TU CROIS QU'ELLE PEUT NOUS ENTENDRE?

JE NE SAIS PAS.

NE T'INQUIÈTE PAS, MAMAN.

TOUT VA BIEN SE PASSER.

N'EST-CE PAS, EMI?

OUI.

JE PENSE.

HÉ, VOUS DEUX.

IL EST TEMPS DE BOUGER.

RUBY!

THEODORE!

PROTÉGEZ TOUS LES MEUBLES ET LES OBJETS.

ET N'OUBLIEZ AUCUN PASSAGER.

OUI, SIR.

HÉ, MISKIT,

OÙ VAS-TU?

MONTEZ.

IL FAUT QU'ON REMETTE CETTE MAISON SUR SES PIEDS.

SES PIEDS?

MOBILIER PROTÉGÉ.

VÉRIFIÉ.

PATIENT EN SÉCURITÉ.

VÉRIFIÉ.

LES ENFANTS, ASSEYEZ-VOUS.

NOUS ALLONS PARTIR SOUS PEU.

MISKIT, QUE SE PASSE-T-IL?

IL FAUT QUE NOUS ALLIONS À LA VILLE LA PLUS PROCHE TROUVER UN ANTIDOTE POUR TA MÈRE.

ET NOUS N'AVONS QU'UN MOYEN POUR NOUS Y RENDRE.

KCHUNG!

MAÎTRES EN SÉCURITÉ!

VÉRIFIÉ!

TRÈS BIEN, BOTTLE.

ALLONS-Y.

KDONK!

BKOUM!

BOuSH!

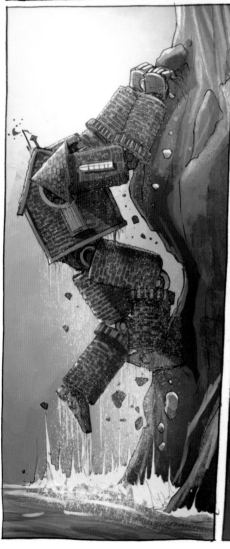